절정絶頂

절정絶頂

초판인쇄 | 2024년 12월 15일 **지은이** | 오복자 **펴낸이** | 김영태
펴낸곳 | 도서출판 한비CO **출판등록** | 2006년 1월 4일 제25100-2006-1호
주소 | 700-442 대구시 중구 남산2동 938-8번지 미래빌딩 3층 301호
전화 | 053)252-0155 **팩스** | 053)252-0156 **홈페이지** | http://hanbimh.co.kr
이메일 | kyt4038@hanmail.net

ISBN 9791164871636
ISBN 9788993214147(세트)
값 10,000원

*잘못된 책은 교환해 드립니다.
*저자와의 협의로 인지는 생략합니다.

절정絶頂

오복자 시집

시/인/의/ 말

씨	오	발	나
		효	!
뿌	복		여
리		된	기
리			

시 2
인 4
   년
오
복 10
자 월

   7
   일

목/차

1부
스스로 베푸는 이를 베푼다

**목련은 무지개 꽃이다
순수함이 노을빛으로 타는
한 점 부호**

노벨 인류 평화의 계시_12
노을빛 이미지_13
노벨이 머물다간 자리_14
영웅hero_15
오복(福) 씨_16
태왕아너스_17
너랑 나랑 온 인류랑_18
바다_19
거북이_20
절정絶頂 1_21
신토불이身土不二_22
벼슬 윤尹_23
주석 석錫_24
기쁠 열悅_25
목련木戀_26
참사_27
윤尹 시월 오면_28
시 주석_29
열悅 머슴아_30

2부
가까이서 부는 피리 소린가

한 알이 나란히 한 식구
주소 없는 벽돌 담장에
옹기종기 이웃을 이루었다

특별시_32
그리움이 머물다_33
용산 가는 표 타는 날_34
투표_35
취임_36
세계 문학 향_37
연두 빛 이미지_38
꽃길_39
5월 초_40
스승의 날_41
포도葡萄_42
무더위_43
석류_44
추석秋夕_45
한날한시의 삼백60_46
설날_47
외무부_48
은행銀行_49
암행어사_50

3부
황금 옷으로 갈아입힌 들녘

나무야
지금 숨 막혀
내게 산소 한 숟가락 줄래

大韓民國 20代 정부_52
한일 美_53
독도獨島_54
통일_55
황금은 노란 주(主)머니(money)_56
벼슬 현鉉 1_57
침묵沈默_58
박씨 향_59
벼슬 성成_60
물망초_61
눈웃음_62
바람_63
개나리_64
나무야_65
벼슬 윤尹 2_66
서로 상相_67
벼슬 현鉉 2_68
필리버스터_69

4부
오억은 십만 킬러(killer)

오억
덫에 걸린 햇살
마구 뛰놀다 꾀꼬리 울면

메아리_72
해걸이_73
해지나_74
명예_75
탄핵_76
이슬_77
비타민 C_78
나! 나바_79
자유 민주 모여 살게 시리_80
인류 문예 향_81
권 오억 대표님_82
오억梧憶 1_83
오억伍億 2_84
오억悟憶 3_85
오억이 머문 자리_86
권 오억 삼행시_87
천둥소리 1_88
천둥소리 2_89
새보미_90

5부
하나로 되는 것은 단일 호흡

한 움큼이
못내 아쉬운 듯
다 못 타는 연분홍

진달래_92
인류 의료원_93
장미薔微_94
라일락_95
온 인류 지구대_96
행복_97
르네상스_98
한잔_99
이미지_100
세계는 하나 1_101
절정絶頂 2_102
효소効素_103
세계는 하나 2_104
온 인류 도서실_105
시는 말합니다_106
계엄_107
노벨 기일_108

*작품해설:김영태_109

1부
스스로 베푸는 이를 베푼다

목련은 무지개 꽃이다
순수함이 노을빛으로 타는
한 점 부호

노벨 인류 평화의 계시

시냇가 포플러 나뭇잎마다
햇살과 숨바꼭질하다
어느새 타는 노을빛이였으랴

노벨 인류 평화의 계시啓示는
이보다 더 화려華麗한 의지로
대한민국大韓民國 소녀少女는
여태껏 간직해 온
전 세계 온 인류 평화를 위爲한
노벨 성선설
의미를 느낄 수 있으리요

이런 견차肩次로
이제는 계속되는 느낌으로
빨간빛 영상에 아쉬움이 흐른다

노을빛 이미지

오
노벨 세컨드 입맞춤이다
예스벨이 뛰어오면

인류 공헌에 눈 먼
노벨사

A4 용지에 기대
엿듣고 있다

노벨이 머물다간 자리

온 인류가 싸우지 말아야겠다
혼자 하는 말 엿듣고 있던
다이나마이트
종일토록 외워

국경선 넘어 무단출입한
햇살에게
곧잘 들려주더니
어느새 대지에 우뚝 선
목련도 한 잎 두 잎 줄줄 외며

길섶으로 돌아가고,
잎도 가고,

다이나마이트 홀로
노벨이 머물다간 자리
가득 메우고 있습니다

영웅hero

이순신은 1592年 푸른 장군이다
그믐 지나
한산 섬에 달 1개 미치는 밤
제 홀로 왜적 무찌르다

그만
물 위에 비친 자신 모습에 황홀감 느껴
마구 잡으려 뛰어들다

이에
대한 사법 변호인 측 왈
이순신 카타르시스(catarsis)
너 자신을 알라-네가 곧 영웅이다-
this is hero

오복(福) 씨

나! 여기
발효醱酵된
사랑씨
뿌리리

태왕아너스

세종대왕은 조선 4대 한글 핑크왕으로
15세기 푸른 한글을 발효시킨
호랑虎狼나비 소년이다

듕귁 말씀
조선 배추 말씀
서로 달라
어려움이 삐걱거려
이를 28자로 치료하니

비단길까지 무단출입해
텃밭에 등단꽃 필 무렵

그곳에는
벌써 등단한비가 서 있나니

너랑 나랑 온 인류랑

빛나는 대기 속으로
우리들의 시간이 다할 때까지
大韓民國 少女의 가냘픈 입술은
나에게 노벨을 위한 노래
부르게 했다

우리들의 영혼은 사랑을
거기서
사랑으로 호흡하고

다시 꾸민 대지랑
미움과 사랑을 계속 하자꾸나
노벨이 오래도록 간직한
찬란한 슬픔을

바다

바다 좁지 않다
평수 천하태평天下太평이면

바다지기 기쁨 먼 아에이오우
오아시스사

계산기에
아라비아 수로 셈하고 있다

거북이

무척 거북스럽게 보여 거북이다
이름도 제주도 알 수 없는
천(天) 톨 6개
이제나 그제나
6장수 족속이었나 보다

나 너 3인칭 명(命)
모두 한꺼번에 짊어진 채

빨리 주인 찾아주려
전설에 귀 기울여 본다

절정絶頂 1

한 잎
두 잎
빨 주 노
옷 갈아입다
사르르
바람이 권리 부리면

풍경에 갇힌
무지개사

햇빛에 기대
눈웃음 짓고 있다

신토불이 身土不二

신토불이
빨간 알칼리성 한 톨이다
산성이 투정하면

리트머스마 반응 먼
k.s사

빨강에
준해
표시하는 규격이라!
은근히 미소 짓고 있다

벼슬 윤尹

윤아는 북두칠성
하늘 하나가 열리더니
별이 일곱 개
주저리주저리
길을 손짓하네

살짝 다시 꾸민 대지랑
한 톨 정의를
꿀꺽 삼키게 하누나

살짜기 옵서 입맞춤한
긔 더욱 푸른 정의가 아니고야!

주석 석錫

석이는 해바라기
스스로 베푸는 이를 베푼다
어디선가 들리는 2인칭 3인칭
권리의 속삭임

우리 모두 살짝 뭉치면 무엇이든
할 수 있다
협력이 의무로 익어가는
윤 석열 대통령 말씀 따라
(The President of the Repiblic of Korea)

사래긴 발 한 이랑 두 이랑 갓 일군
신토불이身土不二 국가 원수
이 또한 긔 더욱 큰 기쁨이 아니고야!

기쁠 열悅

열이는 무지개
하늘 한 개에 열 개가 되니
빽빽이 기쁨이 우거져 있구나

고삐 풀린 햇살
그을리다 지쳐
부스스 뷔페에서
깨어난 개울물

이제야 손짓하며 도미솔 노래 부르네

목련木戀

목련은 무지개 꽃이다
순수함이 노을빛으로 타는
한 점 부호
누가 예쁘띠로 걸어 두었든가
그 덫에 걸려 언제나
2인칭 3인칭 입맞춤 하누나!

항우恒尤 바람결도
빛바램 없는
예쁘띠 뒤안길
무지개 빛이 쌓이네
무지개 빛이 쌓이네

참사

가을이 아프다
찾아오면

가을지기 무거운 발걸음
코스모스인가 두리번거려본다

슬그머니
눈시울이
제 먼저 대답하더라

윤尹 시월 오면

믿을 오억悟憶이
잉태한 투명한 달
군데군데 깨진 초승달
주워 조립한 보름달

그곳에
자유민주주의 영세민
꼭 모여
살게 시리

윤尹 시월 오면

시 주석

시 잘 쓴다
푸른 마음 건드리면

모름지기
지기사

잠자던 그리움
깨어 본다

열悅 머슴아

열 개
잘한다 흐느끼면
참인 듯한 참새 전깃줄에
지²배² 놀다
입술 다문 억새 풀죽은 틈
구름이 살짝 가리운다

반만년 침묵 먼
원수지기사

한국사에 기대본다

2부
가까이서 부는 피리 소린가

한 알이 나란히 한 식구
주소 없는 벽돌 담장에
옹기종기 이웃을 이루었다

특별시

특별시 우.리.리.홍
특별 신동아네시
남보다 별나게 뛰어나다
3인칭들 삐걱거리다 울면

특별지기 눈 먼
특별사

제20代 머슴아에 기대
눈웃음 짓고 있다

그리움이 머물다

진
찐
그립다. 소쩍새 울면

그리움지기 고삐 먼
의무사

새끼손가락까지
까맣게 헤어본다

그리움이 몰고 온 자리서

용산 가는 표 타는 날

K·S마크 대한민국
대통령 투표 날에 주렁주렁
용산 가는
특급 열차표가 달려 있네

그 빨간 자국은
푸른 호흡 푸른 손길
너도나도 발맞추어

꼭
카르텔을 단호하게
격파하라는 부름이지요

투표

하나도 안 빠지고
원 쿡하면
만장일치

투 쿡하면
2만 장
언행일치 투표

따라서
대한민국 제20代 윤석열 대통령 정부는
2만 장 일치로 온 국민이 너무 바빠
눈코도 뜰 새 없이 만든
대大 국민의 힘 투표다

취임

한 알이 삐죽, … 뚝
열열이는 사이좋게
다닥다닥 붙어있네

일 하나 하나 열 개가
하나도 헛됨이 없다

기쁨이
문설주에 기대 엿듣고
제 먼저 지름길 달려오네

세계 문학 향

까만 밤
하얀 밤이
살짝 스며든 호수에
바람이 살랑살랑 손짓하더니
남몰래 실어가누나!

어느새 달래 냉이
봄 산소가 한 바구니

까망아! 넌
어드메쯤
한 바구니 친구 될래

연두 빛 이미지

이제껏 열려 있는 하늘만평도
하나다
덫에 걸린 햇살
핼쑥한 얼굴 내미네

책임이 탈색된 해에게
가까이서 부는 피리 소린가
기쁨을 파르스르한
의무로 물들게 하누나

이 또한 책임을 발효시킬
연두 빛 이미지 아닌가!

꽃길

뿌연 가로수에
살짝꿍
슬쩍꿍 은근히 핀
용기
심술쟁이 햇빛과 다투다
이젠 그림자 되었으랴

무궁화는 이보다 더 투명한 의지로
종일토록 가두어 둔
정의를 끄집어내니

연두 빛 이미지
제 먼저 기뻐하더라

5월 초

파일
이 섬
저 섬
빨간 꽃 파도치면

새악시 볼
도란도란 토라진
살찐 그리움 기대본다

스승의 날

스승은 만월이다
초승달이 차 보름달 되면

교육지기 관심 뚝
스승사

학교 문밭치서
달맞이꽃 생각에 잠긴다

포도葡萄

난 그대이고 싶다
한 알
두 알
알알이 어느새 한 바구니
왕방울이 다닥다닥 붙어 있다

송알송알 탐스런 포도송이는
하는 일마다
한 가지도 헛됨이 없다

난 그대이고 싶다!

무더위

여름에 제일 친한 더위랑 함께
무더위 쉼터에 갔지요

더위가 기승을 부려
난 그만
땅바닥에 주저앉고 말았네

석류

불그레한 지붕
한 알
한 알이 나란히 한 식구
주소 없는 벽돌 담장에
옹기종기 이웃을 이루었다

마을 입구는 투박하여도 민심은 투명해
그 향기에 취해
태풍이 흔들고 미풍이 문을 두드려도

볼 빨갛게
자태를 뽐내고 있구나!

추석秋夕

추석
노을이 춤추다
가을 저녁이면

모름지기 삼총(參寵)사

은근슬쩍
은혜(恩惠)를 탐지하고 있다

한날한시의 삼백60

열悅 취임 용산 3백 리
숱한 민국이 울어도

정치지기 귀 먼
大韓民國 20代 발효사

꼭!
늘 푸른 이제랑
한 개로 숨 쉬고 있다

설날

설? 낯설다 익숙해져라
떡국이 입맞춤 하자꾸나

세월지기 기(氣)찬 춘추
도매사

문턱에 기대
살몃시(살며시) 눈웃음 짓네

외무부

웅변 뭐라했노 부르지 않았는데
산소인 채
먼지 보고 부추기네

백성 울음소리
효소 엿듣고

소쩍이 가을을
빨리 서둘러라 하고 있다

은행銀行

은행은 입출금을 움트게 하는 호흡 나무다
허기진 가지 끝 푸르름이 오더니
넌지시 알알이 들어와 박혀
어느새 노랑 빛을 띠고 있네

슬그머니
보람을 껴안은 채
슬슬 길섶을 돌아가고 있구나

물 한 개 햇빛 한 개 메마른 기다림
뉴딜은 그 언제나
한 잎 두 잎 입출금을 움트게 하누나!

암행어사

암행어사
어둔 길 밝혀주는 대명함이다
큰집나라서 헤매다 본국에 도착한
윤나라
한나라 호위호가는 어사 뚱땅하면
힘겨루기다

풍선 퍼뜨리기 강한 골골이
포행사

중압감 느끼는 도중
풍선은 자기 나라로 도망쳤다

3부
황금 옷으로 갈아입힌 들녘

나무야
지금 숨 막혀
내게 산소 한 숟가락 줄래

대한민국 20代 정부

정부는 도돌이 엄지 척 20代
소년이다
햇볕, 물, 공기 3개
꽉 낀 지구서 다투면

정부지기 내림 먼
스물대사

벌써
도돌이! 도망치고 있다

한일 美

한일 美는 은행 가로수에
세 잎사귀 갓 올라온
호랑나비 소년들
살찐
르네상스 세 식구인 양

파아란 조선 하늘 2개

어드메쯤!
한 개 될꼬 손꼽아본다

독도獨島

독도 솔로도 1인칭
3인칭이 한 이랑씩 조선 고구마 8개 갓 일군
신토불이 막내둥이다
솔로 고구마 UN 국제연합 왈
3인칭 다케시마 저거 땅
1인칭 마시케다 우리 땅

독도지기 눈 먼
마시케다사

솔로칭에 기대 엿듣고 있다

통일

탐스럽게 조선 하늘은 두 개다
늘 하나
나! 이퀄은 하늘이다 소쩍이 투정하면
Yes다 Not 조립하더니
나! 이퀄은
핵 달아 불꽃놀이 하는 하늘이라

세뇌지기 통일 눈앞에 둔
조선 하늘사

해 달린 하늘은 하나다
제 먼저 우겨대고 있다

황금은 노란 주(主)머니(money)

황금은 노란 주머니
다시 꾸민 대지가 옷도 새것으로
대지에 있는 것 몽땅 다 털어
황금 옷으로 갈아입힌 들녘

노란 주는 벼를 추수하려다 벼 왈
이러지 마세요 아니다
아우성치는 바람 곁으로
가다말다 물끄러미 쳐다보면
살랑살랑 실랑이를 하는 틈타
대뜸 달려들어 자본을 꿈꾸는 도다

이 세계나
그 세계나 새 옷으로 갈아입은 황금 들녘

뉴딜 금융으로 인류에 이바지하는
황금은 노란 주머니다

벼슬 현鉉 1

현은 무지개
한 솥에 식구가 일곱이라니
무지개 빛이 가득하구나
호는 호랑이 판사님 사법이미지

산은 산이요 물은 물이다
스님의 말씀 따라
현은 현이요 호는 호다
산자 물자 현자 호자
이들을 친구로 보아라
동년 동배들 아니던가!

말하다 못다 한 한 마디
산처럼 시퍼렇게 멍든 마음도
말 다 못해 물처럼 하얗게 바랜 마음도

우리 함께 무지개 빛 퍼붓는
사법 이미지 찾아
소곤소곤 속삭여 보자꾸나

침묵沈默

산은 말없이 푸르고(산자무심벽)
들은 말없이 넓고(야자무심광)
현은 말 없는 벼슬(현자무심관)
호도 말 없는 벼슬 판사직(호자무심관판사직)

따라서
산야도 일분 법이요
현호도 일분 법이다

이는
天下의 무심無心한
대자연大自然의 人才들이라 하시나이다

박씨 향

구름처럼 날아간
제비가 물어다 준 박씨를
나는 심었네

빼앗긴 들에도 봄은 오는가 심었고
안 빼앗긴 들에도 봄은 오는가
다독다독 심었네

어느새 두 군데 고맙게 잘 자라는
박씨가 너무 고마워
난 흥부네 박씨 향이면

어디선가 마음껏 마시고 싶다
하늘껏 마시고 싶다

벼슬 성成

성成은 이루는 것
이루기 위해서는 노력의 길을
걸어야 한다

책상에서 꾸벅꾸벅
먼 산에 절하고 있으니
맹모삼천지교 떠오른다

배培는 키우는 일이다
인재를 다듬는 것은 한아름 곱하기에 무한대
천수답에 물을 대듯 배培를 키워
성成을 이루는 것이 진정한 벼슬길이다.

물망초

인생은 짧고
예술은 길다고 하지만

성공은 배양하고
면역을 원예로 가꾸는
의료진들의 의술은

히포크라테스 향 물망초인 듯
天下 인자 무적이더라.

눈웃음

눈웃음은 하트 가로수에
올망
졸망 갓 피어난
쌍둥이 코스모스다

졸망
올망이 으랏차차
천하장수 씨름 경기

살짝
훔쳐 본 심술쟁이 바람

잽싸게 뛰어가
시험관에게
엄지 척 보이며 '나를 잊지 마세요'라고

바람

바람
먼 길에 책임 한 톨
보이지 않아도

바람지기 귀 먼
무단출입사

창가에 기대
바람 권리라 주장하고 있다

개나리

울타리 넘어
밝음이란 보다 더 빨리

봄은
노랑 치마저고리 갈아입고
자태를 뽐내고 있어요

파르스르
연두 빛 나래를 팔락이며
무심코
살짜기 옵서예
소곤소곤 봄 뜨락에 얘기하지요

나무야

나무야
지금 숨 막혀
내게 산소 한 숟가락 줄래

빨리 말해줘
응
너 원하는 거
뭐든지 다 해줄게

난
너가 나에게
산소 한 숟가락 줄래
안 하기를 원해

벼슬 윤尹 2

윤은 무궁화
꽃망울 한 톨 피더니
무궁무진
국민 주권 영토가
태극기 흔들며 반기고 있네

민 한 톨
권 한 톨
흙 한 톨
이 3개가 무궁화 활력소로 달려있어
국민
주권
영토는 대한민국을 이루는 요소

이 세계는 민국民國 힘 무궁화無窮花에게
달려 있지요.

서로 상相

상은 상부상조 입법이미지다
나무와 사람의 몫인 양
하나 되는 호흡 숨 쉬는 원리다
울먹이며 말하는
1인칭은 상부 2인칭은 상조

서로 상부상조하면
호흡으로 하나 될 수 있다
22代 국민의 힘 말씀 따라
협력(cooperation)이 효소로
붉은 언어가 익어갈 무렵

국민의 힘 뒤안길
푸른 호흡이 빽빽이 쌓이네
이 또한 그 더욱 푸른 상부상조 아니고야!

벼슬 현鉉 2

상은 입법 이미지 상부상조다
현은 3고리관官 입법 사법 행정 이미지
한 솥에 3개를 같이 끓여야 하니
상부상조&호흡 영양이 뚜벅
걸어오고 있구나!

햇볕은 햇볕이다 물은 물이다
자연과학 법칙 따라
상은 상이요 현은 현이다
이들 3인칭에게 나, 너
티격거려 어디 쓰나 그러췌

우리 함께 삼권 분립 이미지 찾아
깨진 견제&균형 조각 찾아 발맞추어 보자꾸나
이 또한 그 더욱
푸른 입법 사법 행정 이미지 맞다고야!

필리버스터

단독 강행이 공간을
무단출입 시
유혹이 쏜살같이
움푹 패고 간
大韓民國 20代 호랑이 소년

윤석열 정부 여당 마음을
무엇으로 메울까 고민 중

효소로
시 한 편도 따스한 커피로
마음을 달랠 수 있는
시원한 산소였으면…

4부

오억은 십만 킬러(killer)

오억
덫에 걸린 햇살
마구 뛰놀다 꾀꼬리 울면

메아리

아쉬
아쉬워
세컨드 부름에
2개 모아 조립하니

에코지기 울림에 촌수 먼
고삐사

슬며시
기지개인 양 덫 되어
칭얼거리고 있다

해걸이

해걸이 감 다정다감 열리다
알칼리 부르면

숨바꼭질 하던
산성사

제 먼저 에코(echo) 하고 있다

해지나

해지나 해지 동그라미 2개다
산소 탄소 표면장력 분해하니

심포지엄 책임 먼
투쟁사

그새 어디론가
사라지고 말더라

명예

우리가 발가벗은 몸뚱이로 세상에
태어나는 것은
탄생이 곧 명예이기 때문이다

홀가분한 울음으로
세상을 만나고 안겨 어울려 살아가는
걸음이
어디에도 비할 수 없는
귀하고 소중한 명예다

왜?
이런 값진 명예를 소홀히 하고
겨울 햇살보다 짧고
구름보다 허망한
명예에 욕심을 부리는지

내 길을 내가 살아가는 것이
저절로 명예가 담기는 것인데…

탄핵

탄핵
캐묻고 꼬집는 일이다
원앙이 울면
새보미 보름달로 돋아나네

밉상에 발길 먼 곱상
클레오파트라사

아르키메데스에 의해
3계는 휙 달라지고 있다

이슬

은방울
금방울
꽃잎에 소곤소곤 얘기하지요

난 너가 좋아 하면

간지러워
부끄러워
달아나다
꽃잎 뒤에 숨지요

비타민 C

풋과일 무거워
발치에 숨어 있다

해에게 들키면

마지못해
길을 연다

나! 나바

직진 나나바
반사 바나나
굴절 이것이 나다
이에 바나나 내가 곧 하늘이다 하니

르네상스 기록 먼
논설사

제 먼저 주장하고 있다

자유 민주 모여 살게 시리

온 인류愛
자유랑
민주랑 오누이를 잘 키워야겠다
다짐해 본다

슬며시
우뚝 선 해바라기 귀담아듣고
햇볕, 물, 공기를 맛있게 먹이며
무궁화에게
자락 흔들며 한 자락도 섰지마라
일러주는 말

바람이
제 권리라면서
자유민주 살랑살랑 손짓하며
꼭 보듬어 안는다

인류 문예 향

온 인류
도서실에 주렁주렁
북두칠성이 달려 있네

북두칠성은
빨주노초파남보

무지개 7향이 기다리지요

권 오억 대표님

안녕하십니까.
전국에 계시는 비채라이프 회원 여러분 하시는
무지개 빛 특강 인사 말씀에
시 5편이랑 무궁한 발전에
끼어들고 싶습니다

비움 채움이란! 삼투압 이름으로
감사함을 전할까 합니다

오억梧憶 1

오억은 들숨 날숨 호흡 나무다
히포크라테스가 부르면

건강지기 귀 먼
노벨사

문턱에 기대 엿듣고 있다

오억伍億 2

오억은 大韓民國 억만년 경제 대명사다
오만 뜻글자 몇 개 이민 온 이들
시나리오 각본도 무궁무궁차로 실어와
오만가지 끝 턱 걸고 있네

다 못 타는 연분홍 시너지
벌떡 일어나 쏴악 터뜨리는 찰나
그 너털웃음에 리 피어난

오억은 대한민국 億萬年 經濟 大名詞
저만치 엄지 척 그리고 있다

오억悟憶 3

오억은 십만 킬러(killer) 지혜다
하늘과 지구에
지혜가 울울창창
뒹굴고 있네

고삐 매인 햇살에
피곤에 젖은 듯
우물쭈물 망설이던
개울물

비로소
오억에 일러 산소 옷으로
갈아입는다

오억이 머문 자리

오억 덫에 걸린 햇살
마구 뛰놀다 꾀꼬리 울면

노랑 나비 투정 뚝
오억 지혜사

저만치서
주저리주저리 비움 채움을
손짓하고 있다

권 오억 삼행시

권합니다
영웅다운 저마다의 건강이
집 나가 못 돌아올 적에
책임 의무랑 우뚝 서 있는
미남 오억이가 긔 더욱 반갑고야

오늘도
억수로 울울창창 鬱鬱蒼蒼 기쁨을 살찌운
무지개 빛 퍼붓는 오억 이미지 찾아
산소 5억 가마니 빨리 실어 가자꾸나

천둥소리 1

천둥 만둥 쌍둥이
서로 형한다 다투면

바깥지기 눈 먼
사랑사

만萬이 더 높다고
형이라 부르고 있다

천둥소리 2

하늘이
삐걱거리다 울면

가시버시 유혹해

빨주노초파남보
일곱이 뒹굴어
사이좋게 뛰놀고 있다

새보미

보미
파르스르 웃옷
갈아입는다
1인칭 2인칭 서로 다투면

새봄지기 눈 먼
이미지사

어느새
새보미 한 톨 두 톨
쌓이고 있네

5부
하나로 되는 것은 단일 호흡

한 움큼이
못내 아쉬운 듯
다 못 타는 연분홍

진달래

한 움큼이 못내 아쉬운 듯
다 못 타는 연분홍
부끄러 부끄러워 바위틈에
숨어 피다

수줍어 수줍어서 다 못 타는 연분홍
그나마 누가 볼세라
그새 지고 말더라

인류 의료원

온 인류 의사님
진료실에 주렁주렁

진
선
미가
달려있네

진선미는 인류애愛 완성
의사님의 소원이지요

장미薔薇

장미는 열정이다
우수 정열을 한둘씩 부르다
출석하면

다시 꾸민 대지랑
5월 주제인 듯
2인칭 3인칭 모두
할 수 있다를
색깔로 써 놓고

제! 보란 듯
자태를 뽐내고 있다

라일락

라일락
맘이 떡국이랑 허우적거리다
입맞춤 하지 않으면

락락지기 향 먼
춘추찐사

대지에 홀로 서서
홀짝 홀짝 수레째 끌어 담는다

온 인류 지구대

온 인류 지구대
헌법 수호
젊음이 넘치는 곳

지구대에 주렁주렁
정의와 질서가 달려있네

정의와 질서는
온 인류애愛 바람
경찰 지구대의 소원이지요

행복

행복은 용광로인 듯
열정이구나

마음 한구석
용광로 10개가
뜨겁게 주렁주렁
달려 있으니

고삐 풀린 36.5℃
체온사

웃어서
행복해지는 것이 아닌가!

르네상스

코스모스 쌍둥이
기쁨 부르는 인간주의다

소홀해 먼 길 떠난
인간사

이제나 찾아올까
문지방 넘나 본다

한잔

우리가 한 잔의 커피를
나눌 때
너를 담기 위함이요

두 잔을 나눌 때
너와 내가
하나가 되기 위함이라

너와 내가 세 잔을
나눌 시詩
너 내
무아지경에 이르기 위함이라

넌지시
내겐 너 하나뿐…
하더라.

이미지

시냇가 포플러 나뭇잎마다
햇살과 숨바꼭질하다
어느새
타는 노을빛이였으랴

북두칠성과 같은 시인님의 계시는
이보다 더 화려한 의지로
소녀는 여태껏 간직해 온

등단 데뷔에 대한
성선설의 의미를 느낄 수 있으리오

이런 견차肩次로
이제는 계속되는 느낌으로
빨간빛 영상에 아쉬움이 흐른다.

세계는 하나 1

하나로 되는 것은 단일 호흡
우린 마음 따로 몸 따로
그나마 잊어버릴까 봐
손가락에 꽉 끼고 있다

효소로
푸르름이 찾아올 무렵
헐레벌떡 쉼 없이 뛰고 있는
호흡이 아닐까 과연 누가 이 호흡을
세계는 하나로 노벨 평화에 걸었을까?

온 인류 평화를 위해 노벨이 지나간 자리
푸른 호흡이 울울창창 쌓이네

절정絶頂 2

엘렌 맷슨님!
스웨덴 아카데미 회원이자
노벨위원회 회원이신 분
긔 더욱 반갑고야

大韓民國 少女
吳 福子 드림
2024년 10월 20일

효소效素

효소는 도와주는 생명의 불꽃이다.
미토콘드리아 울면

시너지기 에너지 부족한
시너지사

생명의 불꽃을 기다리고 있다.

세계는 하나 2

세 개는 하나다
3개를 하나로 셈해
홀가분하게 이자 출산하면

세계지기
아라비아 10촌 수
컴퓨터사

아라비아 수에 기대
한 개는 한 개라고
우겨댄다

온 인류 도서실

인류 도서실
진도 가자꾸나
선도 가자꾸나
미 너도 가자꾸나!

1인칭 2인칭 3인칭
우리 함께
진
선
미 향이 기다리는

온 인류 도서실로 가자꾸나

시는 말합니다

도레미파솔라
시는 말합니다

우리가 커피 한 잔을 나눌 때는
빨강
두 잔을 나눌 때는
노랑

바야흐르
빨주노초바남보(라)
7곱을 나눌 시poem는
무아지경에 살찐

나!를 보라!
시는 말합니다

계엄戒嚴

자유 민주 김장 배추에 나트륨으로
물 빼는 삼투압이다
계엄을 효소로
국민 탄핵
주권 박탈
자유 민주 법 반대로 제거 시키면

정부지기 정의에 갇힌
책임사

자유 민주 곁에서 눈웃음 짓고 있다

노벨 기일[1]

전 세계 온 인류 평화에 하늘이 준
7! 7x6x5x4x3x2x1=5040 선물이다
권리랑 자유랑 삐걱거리면

나트륨(Na)같이 쉬(50)지 않고
불혹(40)을 물리치는
젊음을 가져라

넌지시 깨우고 간
인류 평화에 기대어 본다

---

[1] 2024년 12월 10일 한국에서 시인 오복자 스웨덴 노벨 기일에

| 작품해설 |

세계의 평화와 화합을 위한 대한민국 시인의 간절한 기도

김영태
(명예문학박사·
전_한국문학비평가협회 부회장)

오복자 시인의 절정은 무엇을 지향하고 있는가에 대한 물음에 이르면, 그 절정은 오복자 시인의 개인에 대한 것이 아니라, 무비광대 한 우주와 광활한 인간의 세상에 바라는 평화와 화합에 대한 간절한 기도라는 종점에 이르게 된다.
한 개인이 자신의 기쁨과 즐거움을 가지려는 이기적인 마음과 정신은 보편적인 인간의 가장 기초적인 욕망과 희망으로 그 희망과 욕망이 세상을 이끄는 견인차가 되어 세상을 발전시키지만, 그 발

전의 반대급부로 인간은 서로에 대한 신뢰와 믿음을 상실하여 이기심에 사로잡혀 반목하게 되었다. 그 반목이 하나로 집결되는 최종의 자리가 전쟁으로, 인간은 총칼이 난무하는 전쟁뿐만 아니라 시기와 질투, 배신과 암투로 소리 없는 전쟁도 매일 치르고 있다.

오복자 시인은 이러한 세계의 흐름에 대하여 안타깝고 슬픈 마음을 시집 《절정絶頂》에 담으면서, 그 절정이 개인의 영달이 아닌, 모두를 사랑하고, 모두를 껴안는 끝없이 넓고 바닥이 없는 깊이의 절정絶頂에 대한 신념과 노력을 우리에게 들려주고 있는 것이다.

이러한 오복자 시인의 행보는 '마하트마 간디', '마틴 루터 킹 주니어', '테레사 수녀', 넬슨 만델라', '다라이 라마', '데스몬드 투투', '시몬 베유와 같은 행보를 보이고 있는 것이다.

전쟁과 불화 그리고 억압에 고통 받고 있는 모든 이들에게 보내는 위로와 희망의 메시지이자, 모든 불의에 사랑과 포용으로, 인간의 삶이 평화와 사랑 그리고 희망과 기쁨으로 하나 된 세상으로 나아갈 수 있도록 전심이자 진심으로 전하는 인류의 메시지인 오복자 시인의 시집 《절정絶頂》으로 들어가 보자.

시냇가 포플러 나뭇잎마다
햇살과 숨바꼭질하다

어느새 타는 노을빛이였으랴

노벨 인류 평화의 계시啓示는
이보다 더 화려華麗한 의지로
대한민국大韓民國 소녀少女는
여태껏 간직해 온
전세계 온 인류 평화를 위爲한
노벨 성선설
의미를 느낄 수 있으리요

이런 견차肩次로
이제는 빨간빛 영상에 아쉬움이 흐른다
<노벨 인류 평화의 계시> 전문

이 시는 단순히 아름다운 풍경을 묘사하는 것을 넘어, 우리 모두에게 평화에 대한 성찰과 실천을 요구하고 있다.
 시냇가 포플러 나뭇잎이 햇살과 숨바꼭질을 하는 평화로운 자연의 모습을 묘사한다. 이는 평화로운 세상을 은유적으로 표현한 것으로 볼 수 있다. 하지만 '타는 노을빛'이라는 표현은 곧 사라질 아름다움을 암시하며, 평화로운 시대가 언제까지 지속될지에 대한 덧없음을 드러내며 유한의 삶에 집착하지 말고 큰 삶에 그림을 그리자는 역설을 들려주고 있는 것이다. 따라서 오복자 시인은 뒤 이어 '노벨 인류 평화의 계시'에서 노벨 평화상이 단순

한 상이 아니라 인류에게 평화를 향한 끊임없는 노력을 요구하는 메시지임을 강조하며 '화려한 의지'라는 표현으로 평화를 향한 열정과 의지를 강조하며, 오복자 시인의 이러한 의지를 가지고 노벨 평화상의 의미를 되새기고 있음을 보여준다.
'노벨 성선설'은 인간의 내면에는 선한 본성이 있다는 믿음을 의미하면서, 오복자 시인은 이러한 선한 본성을 바탕으로 평화로운 세상을 만들기 위해 노력하고 있다는 메시지를 전달하고 있는 것이다. 이에 오복자 시인은 '견차'는 어깨를 나란히 한다는 뜻으로, 시인 자신이 세계 평화를 위해 함께 노력해야 한다는 의미로 '견차'를 이야기 하고 있다. '빨간빛 영상'은 격렬한 전쟁이나 갈등을 상징하며, 이러한 비극적인 상황을 더 이상 보고 싶지 않다는 시인의 바람을 나타내고 있는 것이다.

이 시는 평화로운 자연 풍경을 배경으로 하여 노벨 평화상의 의미를 되새기고, 오복자 시인이 이를 통해 얻는 영감과 책임감을 노래하고 있다. 오복자 시인은 자연의 아름다움을 통해 평화의 소중함을 환기시키고, 노벨 평화상이라는 상징적인 이미지를 활용하여 인류의 미래를 응원하며 자신의 역할을 환기 시키고 있는 것이다.

빛나는 대기 속으로
우리들의 시간이 다할 때까지

大韓民國 少女의 가냘픈 입술은
나에게 노벨을 위한 노래
부르게 했다

우리들의 영혼은 사랑을
거기서
사랑으로 호흡하고

다시 꾸민 대지랑
미움과 사랑을 계속 하자꾸나
노벨이 오래도록 간직한
찬란한 슬픔을
<너랑 나랑 온 인류랑> 전문

위 시는 인류애와 평화, 그리고 사랑을 노래하는 아름다운 서정시이다. 오복자 시인은 '노벨'이라는 단어를 매개로 하여 인류의 보편적 가치인 사랑과 평화를 노래하며, 개인의 삶과 인류의 역사를 연결시키고 있다. 특히, 오복자 시인의 순수한 마음과 노래가 시의 주요한 모티브로 작용하여, 시에 따뜻하고 희망찬 분위기를 더하고 있다.

'너랑 나랑 온 인류랑'이라는 구절은 개인, 공동체, 그리고 인류 전체를 포괄하는 보편적인 주체를 제시하고 있다. 이는 인류 모두가 하나의 공동체라는 인식을 바탕으로, 서로 연결되어 있음을 오복자 시인은 강조하고 있는 것이다. 여기에서 오복자 시인은 '우리들의 시간이 다할 때까지'라는 표현은 삶의 유한함을 인정하면서도, 그 순간까지 사랑하며 살아가야 한다는 메시지를 담고 있다.

오복자 시인은 '대한민국 소녀의 가냘픈 입술은 나에게 노벨을 위한 노래 부르게 했다'는 구절은 순수한 소녀의 목소리가 오복자 시인 자신이면서도 그 목소리가 시인에게 큰 영감을 주었음을 나타내면서 '노벨'은 평화를 상징하는 단어로, 오복자 시인의 노래는 평화로운 세상을 꿈꾸는 인류의 소망을 담고 있다고 전하고 있는 것이다.

오복자 시인은 4연에서 '우리들의 영혼은 사랑을 거기서 사랑으로 호흡하고'라고 인간의 영혼이 사랑을 통해 살아간다는 의미를 전달하여, 사랑은 단순한 감정을 넘어, 인간을 연결하고 세상을 아름답게 만드는 원동력이라고 일깨워 주고 있다. 그리고 5연에서 '다시 꾸민 대지랑 미움과 사랑을 계속 하자꾸나'라며 인생이라는 긴 여정 속에서 우리는 끊임없이 새로운 시작을 해야 하며, '노벨이 오래도록 간직한 찬란한 슬픔'은 노벨 평화상이 인류의 고통과 갈등을 목격하면서도 평화를 향한 희망을 잃지 않았던 역사를 상징하며, 인류애로 노벨의 정신을 따르기에 오복자 시인이 앞장 설 것을 의미하고 있는 것이다.

온 인류 의사님

진료실에 주렁주렁

진
선
미가
달려있네

진선미는 인류애人類愛 완성
의사님의 소원이지요
<인류 의료원> 전문

위 시는 의사라는 직업에 대한 존경과 함께 인류애를 담고 있다. '인류 의료원'이라는 독특한 공간을 설정하여, 모든 인류를 대상으로 진료하는 의사들의 모습을 상상력 넘치게 그려내고 있다. 특히, '진선미'라는 단어를 활용하여 의사의 덕목을 강조하며, 인류의 건강과 행복을 위한 의사들의 헌신적인 노력을 찬양하고 있다.
오복자 시인은 의술이 아닌, 문술(文術)로 '진선미'로 시인 자신의 의지와 마음을 나타내며, 종국에는 시인 스스로 세상을 치료하는 의사가 되어 세상을 치유하겠다는 헌신적인 자세를 강조하고, 인류애를 드러내고 있는 것이다.
오복자 시인은 시인의 역할을 새롭게 조명하여 의술과 시를 동일시하여 인류의 건강과 행복이 절정을 이루는 날까지 자신을 헌신하겠다는 의지를 표

출하고 있는 것이다.

세 개는 하나다
3개를 하나로 셈해
홀가분하게 이자 출산하면

세계지기
아라비아 10촌 수
컴퓨터사

아라비아 수에 기대
한 개는 한 개라고 우겨댄다
<세계는 하나 2> 전문

위 시는 오복자 시인의 시집<<절정絶頂>>의 대미를 장식하는 시로, 이 시는 수 체계에 대한 다양한 관점을 제시하며, 그 안에 숨겨진 철학적 의미를 담고 있다. '세계는 하나'라는 제목과 함께 '세 개는 하나다'라는 역설적인 표현을 사용하여 독자에게 생각할 거리를 던져준다. 숫자를 통해 우주의 질서와 인간의 삶을 연결시키려는 시인의 시도는 컴퓨터가 가지고 있는 십진법에 기인하여 "3개를 하나로 셈해"가 이야기 하고 있듯이 결국 모두가 하나라는 공통의 의식을 요구하고 있는 것이다.
따라서 '세 개는 하나다'라는 구절은 단순히 숫자

의 합을 넘어, 다양한 존재들이 하나로 연결되어 있음을 의미한다. 즉, 개별적인 것들이 모여 하나의 전체를 이루고, 모든 것은 서로 연결되어 있다는 철학적인 관점을 제시하고 있는 것이다. '3개를 하나로 셈해'라는 표현은 이러한 연결성을 수학적인 방식으로 표현하며, 숫자를 통해 우리는 하나이자 공통 운명체라는 사실을 각인 시키고 있는 것이다.

오복자 시인은 숫자를 매개로 하여 우주와 인간, 그리고 다양한 문화에 대한 깊이 있는 성찰을 제시하면서, 숫자를 통해 우주의 질서를 설명하고, 인간의 창조성을 탐구하며, 다양한 문화에 대한 이해를 넓히고 있다. 이러한 작업을 통하여 오복자 시인은 우주의 질서와 인류의 삶에 대하여 깊이 관여하여 노벨의 정신을 이어 가겠다는 의지를 표출하고 있는 것이다

오복자 시인의 <<절정絶頂>>은 인류의 역사 속에서 끊임없이 반복되는 사랑과 미움, 평화와 전쟁이라는 주제를 다루고 있다. 시인은 개인의 삶과 인류의 역사를 연결시키면서, 사랑과 평화의 중요성을 강조하면서 시인 자신이 그 중요성을 이루고 말겠다는 강한 의지를 보여주고 있는 것이다.
특히, '노벨'이라는 상징적인 단어를 통해 인류의 보편적인 가치를 노래하며, 희망찬 미래를 향하여

뚜벅뚜벅 앞으로 나아가겠다는 의지와 메시지를 전달하고 있는 것이다.

오복자 시인의 시집<<절정絶頂>>이 전 세계에 울려 퍼져 사랑과 평화의 꽃이 온 세상에 피어나서 노벨 평화상의 정신을 확산하여 인류가 하나 되는 세상을 만드는 데 기여하여, 오복자 시인이 노벨 문학상을 수상하고 세계적인 평화의 상징이 되기를 기대해 본다.